不思議な世界とつながる能力
自分の中に眠っているその力を
もう一度思い出していきましょう

はじめての透視リーディング

過去世や未来が視える、神さまとつながる

まさよ　著

はじめに

初めまして、まさよと申します。この本を手にしてくださってありがとうございます。そして、いつも変わりなく応援してくださるみなさまにも心から感謝いたします。

この本は、私が行っている一日講座の内容をまとめたものです。

透視やチャネリングは特別なことではなく、〝誰もがごく当たり前に、普通にしているもの〟とお伝えするようになって10年近く経ちました。

それまで、不思議な能力は持って生まれたものであり、その能力を開花させるには、高額なお金を出して学んだり、チャクラを開く必要があるなど、さまざまなことが言われていた時代でした。

ですが、透視もチャネリングもやり方を学ぶものではなく、チャクラも開眼させるものではありません。あなたが今まで普通にしてきたこと、い

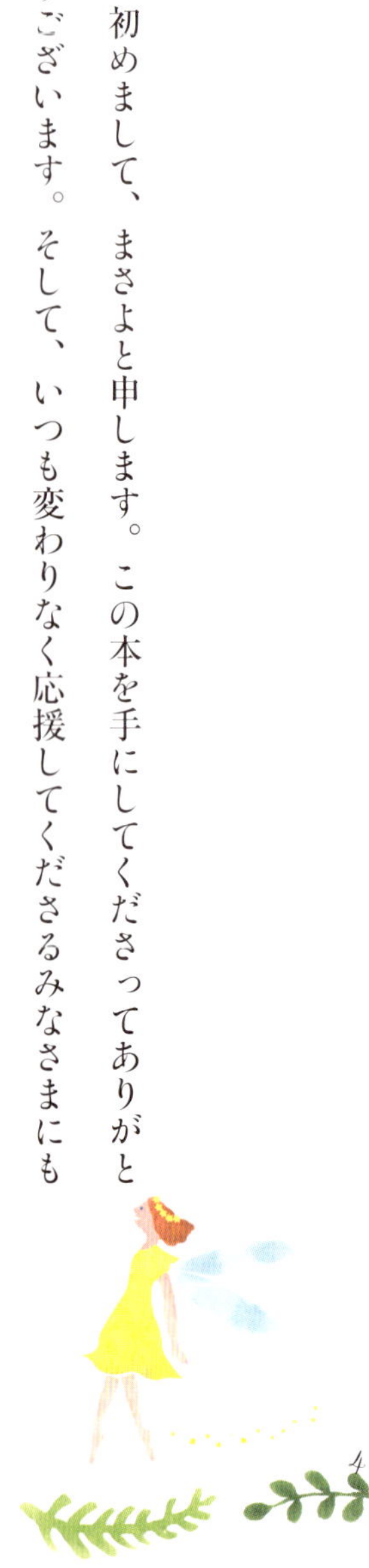

いえ、今でも普通にしていることに気づくこと、思い出すことが大切なのです。

私たちは、誰もがこの不思議な能力を持ってこの世に生まれてきました。霊感、霊能力がない人はこの世に存在しないのです。けれど、目には見えないものですから、その力を証明することは難しいですよね。「あなたにもあるんだよ」と言っても、「きっと私にはない」と、初めからそう思うことでしょう。

私は小さい頃から、不思議なものを見ていましたし、不思議な声を聞いて大きくなりました。けれど、ほとんどの人は大人になり、そういうことを忘れてしまって、自分にはないと思い込んでいるだけなのです。

不思議な出来事は、誰もが経験して大きくなってきたこと。誰の身の上にも、同じようにあるのです。けれど、不思議なことは大人になると忘れてしまうか、またはときどき起きることであり、そしてその事象は怖いことだとさえ思ってしまうようになります。

誰もが神さまや仏さま、天使や龍やそういった存在に愛されたい、自分もご縁をいただきたいと願っています。けれど、ご縁はいただくものではないのです。自分にもその能力があることに気づくことで、不思議な存在とのコンタクトが始まり、そこから不思議な導きを得ていくことになるのです。そのことをたくさんの人に知っていただけたらと思います。

私もこのようなことを始める前は、この世には特別な選ばれし人がいるのだと思っていました。見えない存在のご加護を得るには、清く正しく、

幼子のような澄んだ心が必要だと思っていました。それができない、叶わない私はまだまだ修行が足りないのだとも思っておりました。

けれど、この世には特別な人も、選ばれし人も存在しないのです。私たちの能力はすべて平等です。あなたも愛されて、そして許されて生まれてきたこと。不思議な能力は自分にもあると気づくと、ものすごい速さで自分の望みを実現させていくことができます。

想像は、創造である。それを実感していただきたくて、この本を書きました。いつか透視やチャネリングのＣＤブックを出したいと思っておりました。もっとたくさんの人が、あなたの持っている力に、脳裏に映ることを素直に感じられますように。あなたが、あなたの持っているすばらしさに気づくお手伝いがこの本でできましたら、幸いでございます。

仙台にて　まさよ

とても気持ちのいい
草原を思い浮かべてください
広くて、どこまでも続いている
緑の草原です

見上げると
どこまでも青い空が
広がっていて

右から左へ
雲が流れていきます

遠くの方から
何かが近づいてきました

ずっと見ていると
それは七色の気球です

気球はあなたの横に
降り立ちました

さぁ、 その気球に乗り込んで

一緒に不思議な世界へ

出かけましょう――

目次

4 はじめに

20 CDの使い方

1章 「視る」ってどういうこと?

24 「視る」ってどういうこと?

26 イメージしてみよう

28 Work 1 実際に視てみよう

32 視えたものを言葉にしよう

34 自分の過去世を視る❶

36 自分の過去世を視る❷

38 Work 2 自分の過去世を視る

46 過去世からわかること❶

48 過去世からわかること❷

50 過去の自分の一生を視てみよう

52 Work 3 自分の過去世を視る(短縮バージョン)

54 他人の過去世を視る

56 Work 4 他人の過去世を視る

58 視えるってこういうこと

60 自分のルールを作ればOK
62 自分の守護霊さんを視てみよう
64 Work 5 自分の守護霊さんを視る
66 守護霊さんにどんどん話しかけよう
68 Work 6 守護霊さんに名前を聞こう
70 他人の守護霊さんを視てみよう
71 Work 7 他人の守護霊さんを視る
72 未来を視てみよう
74 Work 8 自分の未来を視る
78 願望と未来の区別は難しい
80 Work 9 他人の未来を視る
82 コラム 透視とチャネリングの違いとは？

2章 いろいろなものを視てみよう

84 ペットとつながる
85 Work 10 動物の姿を視る
86 伝えてくることを脳裏に描く

88 Work 11 動物の気持ちを読む
89 Work 12 動物の目で視る
90 動物も人もやり方は同じ
92 知らない人を視てみよう
93 Work 13 知らない人の姿を視る
94 家や場所を透視する
96 Work 14 知らない神社を視る
98 正面、真上、どこから視てもいい
100 視ることでどんどん上達する
102 アカシックレコードについて
104 Work 15 アカシックレコードを視る
108 アカシックレコードで知りたいことを知る
110 オーラについて
112 チャクラについて❶
114 チャクラについて❷
116 タロットカードなどのツールを使う意味
118 コラム スプーン曲げに挑戦してみよう！

3章 もっと大きな世界とつながる

122 セルフチャネリングの方法
124 Work 16 セルフチャネリング
128 神さまとつながる六芒星の瞑想
130 Work 17 六芒星の瞑想
132 六芒星が持つパワー
134 子どもに還るプシュケ語の奏で方
136 Work 18 プシュケ語を奏でよう
140 自分だけの音を奏でる
142 御霊の拾い上げ❶
144 御霊の拾い上げ❷
146 御霊の拾い上げ❸
148 自分に「愛してるよ」と伝えよう
150 Work 19 愛してるよ　大好きだよ
152 すべてはエネルギー
154 遠隔リーディングの方法❶
156 遠隔リーディングの方法❷
158 おわりに

付属のCDの使い方

付属の2枚のCDには、まさよさんが本書のために行った「透視リーディング一日講座」の模様を収録しています。実際に講座に参加しているような臨場感とともに、本書で紹介しているワークを体験していただけます。できれば一人になれる静かな環境でCDを流し、ワークなどに挑戦してみてください。また、ワークは、「何が視えましたか？」などというまさよさんの問いかけで終わっています。その答えをノートなどに書き留めておくと、あとから振り返ることができていいでしょう。そして、CDだけに収められたお話や、本のみで紹介している内容もあります。ぜひ、どちらも合わせてお楽しみください。

CDを使用する際の注意点

- CDはCD再生プレーヤーでご覧ください。CD再生機能を持ったパソコン等でもお聞きになれますが、動作の保証はできません。再生不良などの不具合が発生した場合は、弊社は動作保証の責任を負いませんのでご了承ください。詳しくは、ご使用になるプレーヤーの取扱説明書をお読みください。
- CDにはコピーガード信号が入っていますので、コピーすることはできません。
- CDならびに本書に関するすべての権利は著作権者にあります。著作権者の承諾を得ずに無断で複写・複製・転載することは法律で禁止されています。また、第三者への配布やレンタル、販売、インターネットへの流用は法律で禁止されています。
- 長時間続けてのご視聴は避け、適度に休憩をとってください。
- CDに収録されている内容と本書の内容は若干異なる場合がございます。
- 講座の模様をそのまま収録しているので、多少のノイズが含まれています。あらかじめご了承ください。

チャプターリスト

Chapter

1	「視る」ってどういうこと？
2	Work 1 実際に視てみよう
3	視えたものを言葉にする
4	自分の過去世を視る
5	Work 2 自分の過去世を視る
6	過去世からわかること
7	Work 3 自分の過去世を視る（短縮バージョン）
8	過去世の続きを視てみたら
9	Work 4 他人の過去世を視る
10	視えるってこういうこと
11	自分の守護霊さんを視る
12	Work 5 自分の守護霊さんを視る
13	守護霊さんにどんどん話しかけよう
14	Work 6 守護霊さんに名前を聞こう
15	守護霊さんとの会話の練習
16	他人の守護霊さんを視る
17	Work 7 他人の守護霊さんを視る
18	大事なのはその先のメッセージ
19	Work 8 自分の未来を視る
20	願望と未来の区別
21	Work 9 他人の未来を視る
22	視えるってこういう感じ

Chapter

1	視る対象に意識を向ける
2	ペットとつながる
3	Work 10　動物の姿を視る
4	動物が伝えてくること
5	Work 11　動物の気持ちを読む
6	Work 12　動物の目で視る
7	相手の内側に入って視る
8	生きている人・亡くなった人・知らない人のリーディング
9	Work 13　知らない人の姿を視る
10	何も使わなくても視える
11	家や場所を透視する
12	Work 14　知らない神社を視る
13	どこから視てもいい
14	視ることでどんどん上達する
15	アカシックレコードについて
16	Work 15　アカシックレコードを視る
17	アカシックと幽体離脱
18	ツールに頼らず、深くでつながること
19	Work 16　セルフチャネリング
20	自分の本当の気持ちに気づく
21	神さまとつながる六芒星の瞑想
22	Work 17　六芒星の瞑想
23	プシュケ語って何？
24	Work 18　プシュケ語を奏でよう
25	宇宙にアクセスして音を出す
26	御霊の拾い上げ
27	自分に「愛してるよ」を伝える
28	Work 19　愛してるよ　大好きだよ
29	すべてはエネルギー
30	おわりに

1章 「視る」ってどういうこと？

透視やチャネリングは、本来誰にでもできるもの。
ただ、大人になるとその感覚を忘れているだけなのです。
まずは「視る」という感覚を思い出し、
少しずつ慣れることから始めましょう。

「視る」ってどういうこと？

普段見ている目とは違う脳裏に映す感覚

まずは、「視える」ってどういうことだろう？　ということについてお話ししたいと思います。私たちの普段の「見る」という行為は、肉眼を通して行われています。しかし、透視やチャネリングの際の「視る」はそれとは異なり、肉眼ではなく「脳裏の目」を使って行うのです。

脳裏の目って何？　というと、子どもの頃を思い出してみてください。誰しも子どもの頃はあれこれ想像したり、空想したりして遊んでいましたよね。リアルに想像していたとき、その映像は決して肉眼で見ていたわけではありません。その映像は頭の上の方に映るという人もいれば、後ろの方という人もいます。そこが、その人の脳裏の目。脳裏の目で視ているということなんです。

どうしても大人になると、肉眼に映るものだけが「見える」と思ってしまいます。でも、透視やチャネリングも実際にちゃんと視える……でも、この目に映ると思っていると、ちょっと違うんです。

子どもの頃は自由に使っていた脳裏の目。しかし、大きくなるにつれ、頭で考え、現実の目で見ることが増えていきます。すると、肉体で見ることと、脳裏で視ることとの間に距離ができて、「視る」能力が封印されてしまいます。ですから改めて「脳裏で視よう」と思っても、そんなの自分が作り出した妄想なんじゃないかと疑ってしまうのです。ただ、「視える」ということにはこの脳裏の映像が必要。それは特別な人だけが持っている能力ではなく、誰しもみな生まれながらに持っているものです。

イメージしてみよう

耳で聞いた物語の映像を脳裏の目で視てみよう

実際に昔話を聞きながら「視る」という感覚を思い出してみましょう。目はつぶっていても、開けていてもどちらでも構いません。目を閉じるとどうしてもまぶたの裏を見てしまうので、半眼といって観音様がやっているようにまぶたを半分だけ閉じた状態も、透視やチャネリングではよく使われます。

それではいきますよ。

「昔々あるところに、おじいさんとおばあさんがいました。おじいさんは山へ柴刈りに、おばあさんは川へ洗濯に行きました」

どうでしょう？　これだけでも、映像がなんとなく頭の中に浮かんできますよね？　それでＯＫです。続けていきましょう。

「おばあさんが川へ行くと、向こうからどんぶらこ、どんぶらこと桃太郎が流れてきました」

……と聞くと、脳裏に桃太郎が出てくると思います。今は私が「桃太郎」と言ったから桃太郎が出てきましたが、何もしなくてもスッと自分の中でイメージが視えてくることがあります。さらに、その映像にまったく知らないものがフッと入り込んでくることがあります。それを私は「妄想(もうそう)の先にあるもの」と呼んでいて、それこそが透視やチャネリングをするということなのです。

それでは、視るという感覚をつかんだところで、早速、誘導に合わせて練習してみましょう。

1 実際に視てみよう

とても気持ちのいい
草原を思い浮かべてください
広くて、どこまでも続いている
緑の草原です

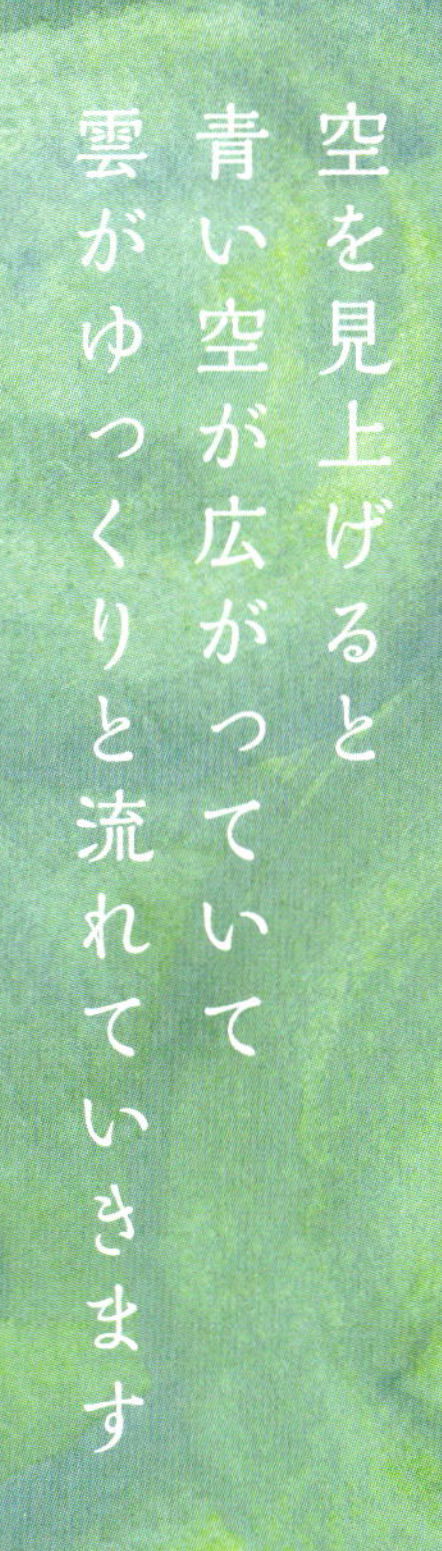
空を見上げると
青い空が広がっていて
雲がゆっくりと流れていきます

Work 1 実際に視てみよう

それでは、草原から
一瞬で林の入口まで来ました
ゆっくりと林の中を
歩いていってください

林を進むと、
さぁ、
どんな景色が広がっていますか？

視えたものを言葉にしよう

自分の想像の世界を素直に口にするって、すばらしい！

さて、先ほどのワークで、みなさんの脳裏にはどんな景色が映りましたか？　映ったものを実際に声に出したり、ノートに書き出したりしてみてください。実はそれだけで、とってもすばらしいこと。なぜかと言うと、自分が視えたものを、きちんと自分で言葉にするからです。

私は「草原があって、林があります」と言っただけ。でも、みなさんの脳裏には高い木々の隙間から木漏れ日が差していたり、滝があったり、湖のほとりに鹿がいたり、林を抜けると海に出たり……と、さまざまな景色が浮かんできたはずです。そこにどんな木があって、中がどうなっていて……と説明されたわけではないのに、自分でもまったく知らない場所がわあーっと脳裏に広がってきた、ということなんです。自分が意図しなくてもそうした映像が出てくるということが、子どもの頃に使っていた「視る」という能力です。そして、あの頃は、脳裏に映ったことを素直に言葉にしていたんです。

でも、大人になると、脳裏に映ることは「こんなのは私の妄想に違いない」と判断し、本当は脳裏で視ているはずのものをあえて言葉にするということがなくなっていきます。視えたものが正解だったかどうかということは、まだこの段階では大きな問題ではありません。正答率は脳裏に映ることを言葉にする、ということを何度も何度も繰り返すうちにも自然と上がっていくもの。まずは脳裏に映るもの、視えているものを声に出すことが大切なのです。

そうすることで、いつも私たちと一緒にいる神さまや不思議な存在たちも、「偉いね、よく言葉にしたね」って褒めてくださいます。視えたものにフォーカスしてちゃんと言葉にするのは、本当にすごいこと。それは透視やチャネリングだけでなく、すべての占いでもそうなのです。だからこの本ではワークを行ったあとに、視えたものを言葉にする練習をしてほしいなと思っています。

自分の過去世を視る①

すべての魂の記憶は一つの大きな器に還る

次は自分の過去世を視るということにチャレンジしていきたいと思います。多くの人が自分の過去世に興味を持っていますよね。過去世を視る方法としては、主にヒプノセラピー（催眠療法）のセラピストさんに退行催眠の誘導をしてもらったり、霊能者さんに視てもらうというやり方があります。でも、このワークを覚えればいつでも自分で好きなときに過去世を視ることができるようになります。

ワークの前に、まず過去世とは何かをお話ししたいと思います。一般的には一つの魂が一つの生を終えると、また別の肉体に宿り、姿を変えながら転生を繰り返すと言われています。ただ、私が姿なき光に教えてもらったことはそれとは少し違っています。それは、それぞれの魂が生を終えると人種や性別に関係なく一つの大きな器（源）に戻り、そこでみんなが生きた記憶や情報を一つに集めて、その情報を共有しながらまた新たな誰かとして生まれてくるというのです。

だから、一つの魂が六百回生まれ変わったのではなくて、いろいろな魂が経験したいろいろな記憶が自分の中にあるということ。そのため世の中には豊臣秀吉やマリー・アントワネットの記憶を持っている人がたくさんいるのです。それもすべての記憶をみんなで共有していると思えば、納得がいくんです。

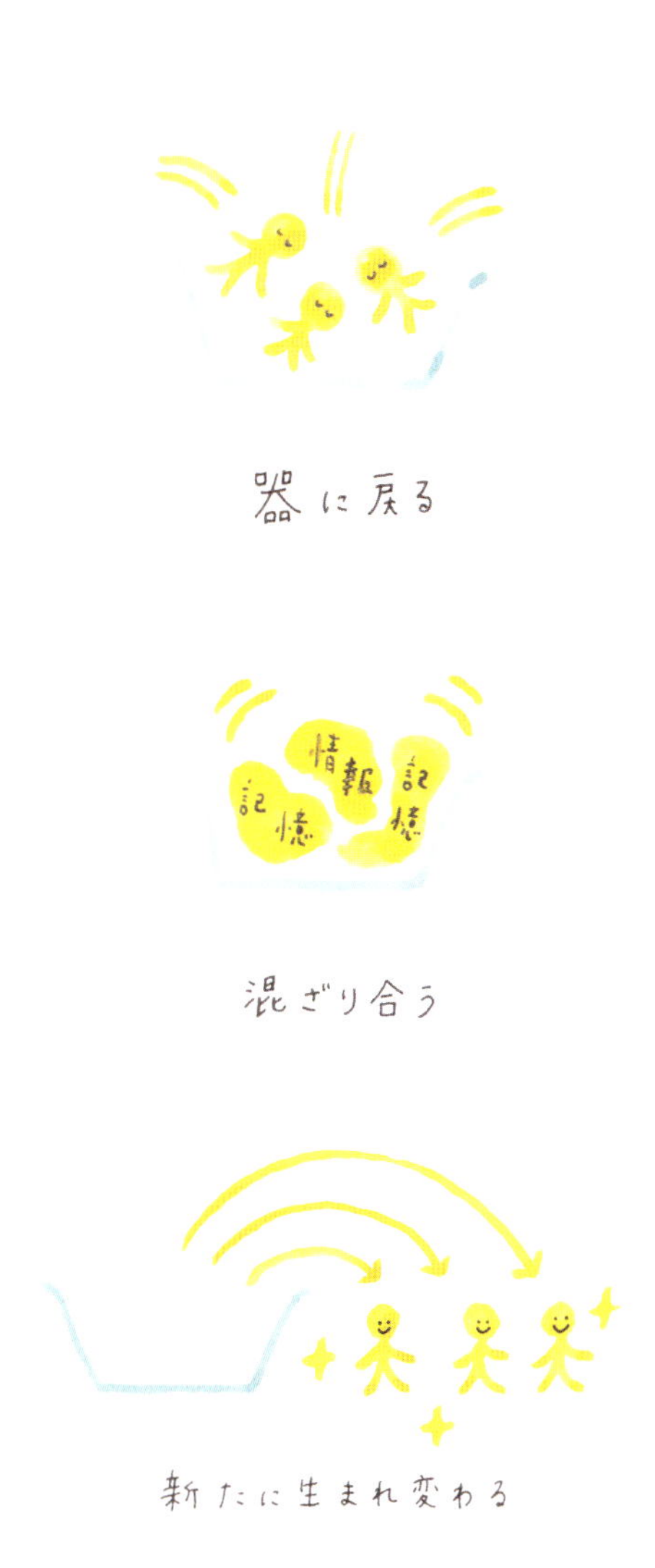

自分の過去世を視る②

大元の記憶をすべての魂が共有している

人それぞれ、たくさんの記憶を紬いで生まれてきますが、その中で強く感じている記憶、琴線に触れる記憶は異なります。つまり、今ここに三人いれば、三人とも同じ記憶を共有していながら、その割合や感じ方が人それぞれ異なっているということなんです。それはたとえば、いろいろな果物が入ったミックスジュースを作ったときに、人によって配合が違うということ。いずれもすべての果物が入っていますが、Aさんはリンゴとバナナが強くて、Bさんはリンゴと桃とメロンが強い、Cさんはすべての濃度が均一……というイメージです。同じ記憶を共有していても、必ずその中の誰かの記憶を濃く、強く感じています。それを自分の過去世だと思っているということなのですね。でも決して、それは自分だけの過去世ではないんですよ。

そして、私たちも一生を終えたらまた魂が大元に還り、あなたや私の記憶を他の誰かが担って生まれてきてくれます。

私もこれまで、「また次も何度も生まれ変わるの、嫌だなぁ」って思っていたんですが、いろいろな方のリーディングをするうちにそうではないのだと気づきました。記憶をたくさん持っているのは、たくさん生まれ変わったからではなくて、すべての人の記憶を保有しているからなのです。だから、私というより、私の中にある、あなたの中にある、同じ過去世の記憶を保有していると思ってください。

さぁ、次ページから過去世を視に行きましょう！

Work 2 自分の過去世を視る

とても気持ちのいい
草原を思い浮かべてください
とっても気持ちが良くて
あなたは大の字に寝転がっています

すると、遠くの方から
キラキラ光るものが近づいてきました

それはどんどん自分に近づいてきて
よく見ると七色の気球でした

さぁ、起き上がって、
気球に乗り込んでください

すると、気球はふわりと上がって、
草原から少し離れました

また、ふわりと上がって
高くなりました

下を眺めると、草原が広がっています
「もっと高く上がれ」と
気球に命じてください

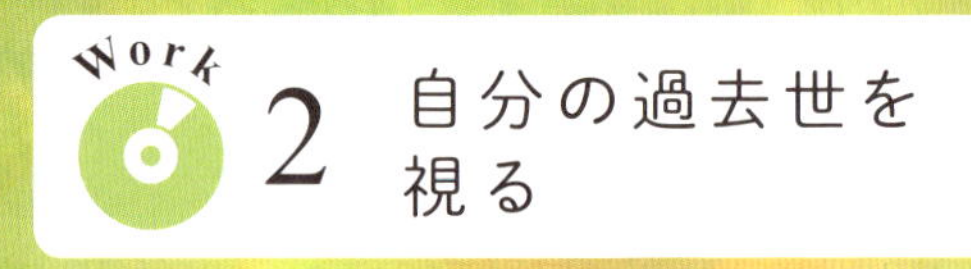

Work 2 自分の過去世を視る

ものすごいスピードになって、
一瞬で宇宙に漂っています
遠くの方にキラキラ光る星が
たくさん見えてきました

では、次は急に気球が降り始めますよ

「さぁ、私の過去世へ連れてって」

もう一度声をかけると
気球はカクンと下がって、降り始めました

ものすごいスピードで降りて行きます
怖いので目をつぶって、
しっかりつかまってください

ことん、と音がして、
気球がどこかに到着しました

ゆっくりと目を開けて、
気球から降りてください

さぁ、そこはどんな場所ですか？
ぐるりと見渡してみてください

あなたはどんな姿になっていますか？
周りに誰かいますか？

過去世からわかること①

過去世を視ることで現世での不安や恐怖の理由がわかる

さぁ、どのような過去世が視えましたか？

過去世については合っているとか、合っていないとか、科学的に証明することはできません。ですから、視えたものを素直に受け入れることが大切なんです。何も意図していないのに、中世ヨーロッパの少女が視えた、古代エジプトの戦士が視えた。それはとってもすごいことなんです。

慣れるまでは、過去世を視ることはとても疲れるので、いきなり一時間行うのではなく数分程度に留め、少しずつ進めてください。

次からは、自分で自分を誘導できますし、慣れてきたら流れを端折(はしょ)ることもできます。一瞬で草原が出てきて、一瞬で気球が宇宙に上がって、一瞬でさっきの気球が到着した場所に降り立ちます。そこで「さっきの続きを視せて」と命じてください。

過去世を視ることで、現世で理由がわからなかった恐怖や不安の理由を知ることができます。なぜかわからないけれど同じ失敗を繰り返してしまう、でも自分が生きてきた過去を振り返ってもどうしても答えが見つからない！　という場合、過去世に答えがあることが意外とあるんです。

私もかつて、同じ会社に、どうしても怖い人がいました。その人自身はとてもいい人だったのに、初めて見たときからなぜか怖くて、怖くて、どうしてだろう？と思っていたんです。それで過去世を視てみたら、その人は過去世で私を陥れた筋肉隆々の男の人だとわかったんです。生まれ変わっても目が同じなんですね。ですから、過去世で家族や子どもに会っても、目を見れば「あっ○○だ！」ってすぐにわかります。姿形も性別も全然違うのに、不思議ですよね。

過去世での記憶を癒すことで今が生きやすくなる

私が過去世って大事だなと思った最初のきっかけは、十年ほど前のことです。近所のAさんは過去に、旦那さんと手をつなごうとしたら払いのけられたことがあって、それがものすごくショックだったそうです。それ以来、手をつないだカップルを見るとものすごくイライラするんだけど、「夫に手を払われた」ってそこまで大きな出来事だとも普通は思えない。そこで、原因を知りたいと思って私のところにきてくれたのです。リーディングしたところ、過去世の彼女が旦那さんを置いて若い男性と駆け落ちするところが視えました。でも、結局その若い男性に財産を奪われて、最後彼女は、手を振り払われて高い建物から落ちたのです。

ですから彼女にとっては、手を振り払われることは、死ぬことだった。その記憶がオーバーラップしていたから、手を振り払われただけでショックでトラウマになり、カップルを見るだけでイライラしていたんです。でもそれは過去の記憶だから、今はもう手を振り払われても命は奪われないと実感したことで、それ以来、手をつなぐカップルを見ても平気になったとうれしそうに話してくれました。それで、過去世を視ることで今が生きやすくなるんだなってわかったんです。

自分が理解できない潜在的な部分を視てあげること。それもやっぱり証明のしようはありませんが、でもそれで楽になれるなら、視ることに意味があるんだなと思います。たとえば、なぜ暗いところが怖いんだろう？　と思ったら、気球に「なぜ今暗いところが怖いのか、その理由がある過去世に連れて行って」と頼んでみてください。すると、今度はまた全然違う場面に降りるはずです。

そうして出てきた場面を視て、「あぁ、だから私はこれに囚われていたんだ」とわかると、生きることがとても楽になるんです。心がスッと軽くなり、これは過去世の記憶だから恐れなくて大丈夫だって思えるようになるんです。

不安や恐怖の原因をイメージの中で解放しよう

繰り返しになりますが、何も意図しなくても視えてきたというのは、やはりすごいことなんです。そして、一度視えたら、その続きを知りたいでしょう？　それもできます。自分で誘導していけば、一度視た過去世の続きを視ることができるんです。そして、流れを端折ることもできます。ソファに座るか横になってリラックスした状態で、一瞬で草原をイメージして、一瞬で気球が上がって、一瞬でさっきの場所に降り立ちます。そこで「さっきの続きを視せて」と命じてください。「自分の家族はどこにいるの？」、「自分の大切な人はどこにいるの？　場面を変えて」と指令を出していくんです。

子どもの頃、青年期、老齢期、亡くなるとき……というふうにその人の一生を追っていくと、これが寂しかったんだなとか、これが不本意のまま亡くなったん

だなとか、知ることができます。そうしたら今世ではこの部分はクリアにしてあげようとか、それはもう終わったことだから手放してあげようということもわかるのです。箱に入れて土に埋めたり、川に流したりしても構いません。そんなふうにしてイメージの中で、原因となった出来事を解放してあげてください。

ちなみに過去世のリーディングでは、うれしい、楽しい記憶よりも、苦しい、悲しい記憶が出てくることが多いようです。それは、ネガティブな思いの方が引きずるから。今だってそうですよね？　過去の悔しさはいつまでも覚えているのに、数日前のちょっとハッピーだった出来事なんてすぐに忘れてしまいます。楽しい出来事はその瞬間に魂が昇華されるので、あとに残りません。いつまでも残るのは傷ついたり、怖かったり、悲しかったりという思い。そこを昇華してあげられるのは、自分しかいないのです。

では、短縮バージョンで過去世を視てみましょう。

3 自分の過去世を視る（短縮バージョン）

あなたは今、
草原にいます

そこから気球に乗り込み、
一瞬で宇宙に行きます

行きたいところを自分に命じてください

「何歳になっている場面を見せて」
と、自分を誘導してあげてください

さぁ、誰が出てきて、
どんな場面になっていますか？

他人の過去世を視る

自分の過去世よりも意外と他人の方がすんなり視える

自分の過去世と同じように、他の人の過去世も視ることができます。実は、自分の過去世を視ることは透視の中でもかなり難しい部類に入ることです。客観的でいられるぶん、意外と他人の過去世を視る方が簡単だったりするんです。ですから、自分の過去世を視ることができたなら、きっと大丈夫です。

48ページで紹介したAさんの例のように、過去世を視て伝えてあげることで他の人の苦しみを癒すこともできます。そして、他人の過去世も自分の過去世と同様に、「他には誰がいる？」、「どうしてこの人と夫婦だったんだろう？ その理由を視せて」とどんどん誘導することで一生を完結させることができます。そのようにして、ぜひその人の一生を視てあげてください。

ちなみに、一日講座のように多くの人が一斉にリーディングをすると、同じような場面を視ることがあります。それは、「視る」ということも結局エネルギーだから。隣にいたりするとリンクし合って、同じものが視えたりするんです。おもしろいですね。

そして、大事なことがあります。それは相手の了解を得ずに勝手に視たり、一方的に伝えたり、相手を恐怖に陥れるようなことはしないこと。他人の過去世を視るときは「視てください」「では視ましょう」という双方の了解のもとで行ってくださいね。

それでは、次は自分の過去世を視るときに使った気球ではなくて、ロケットを使って誰かの過去世に行ってみましょう。自分がイメージするロケットを使って、家族や友人など、他の人の過去世を視に行きましょう。

4 他人の過去世を視る

あなたは草原にいます

寝転がっているといつの間にか横にロケットが止まっています

ロケットに乗り込んで
一瞬で宇宙に飛びました

心の中で「○○さんの過去世へ」と命じると
一瞬でロケットが降り始めますよ

さぁ、
映像が出てくるのを待ってあげてください

正解、不正解はない
視たものをそのまま認める

さて、ここまでいろいろなものを「視る」という練習をしてきましたが、いかがでしたか？　意図しなくてもちゃんと脳裏にイメージが出てきて、それを感じられるって、本当にすごいことですよね。

これは先ほども言ったように、もともと生まれながらに備わっている能力ですが、大人になるにつれて脳裏の目を使わなくなることで、どんどん忘れていってしまうんです。今だって、実際にこうして体験しながらも、「自分が視たものなんて空想に違いない」と否定してしまう人もいると思います。でも、そもそも正解も不正解もありません。大事なのは「視えた」ということ。それだけでいいんだなと思ってください。

「レモンが1個ありました」と言うと、脳裏にはレモンが映りますよね？ 「レモンが3個になりました」と言うと、脳裏のレモンも3個になります。「レモンが白いお皿にのっていました」と言うとそうなって、「レモンはテーブルの上に置かれていてね」と言うと、脳裏の目でみなさんそれぞれのテーブルを視ているんです。そこからさらに視点を引いて、テーブルがある部屋を視ていくと、きっともう人それぞれ全然違う映像を視ているはずです。

どこで視ているかというと頭の上だったり、後ろ側だったり、これも人によって違います。いずれにせよこのあたりを、私は「神さまの領域」と呼んでいます。私たちが神さまとつながるご神託も、この脳裏にある神さまの領域に映るんです。

透視をするときのコツは、この脳裏の目からなるべく意識を外さないようにすること。慣れるまではどうしても集中し続けることが難しいのですが、長い時間、意識を向けられるようになれば、あとはいつでも、何でも視られるようになります。あなたの能力に限界はないのだと知ってください。

自分のルールを作ればOK

視る方法に決まりはない
自分の好きなやり方で挑戦して

私がこうしたスピリチュアルの世界と本格的に向き合うようになったのは今から十年ほど前なのですが、その頃は透視やチャネリングをするにもグラウンディング（地に足をつけること）がとても大切だとされていました。グラウンディングが整ってから、エネルギーを上昇させて神さまの領域に行かないと、うまく視ることができないし、悪いものにつながって悪いものをチャネリングしてしまうこともあると言われていたのです。

でも私は、グラウンディングは、あくまで準備運動だと思っています。肉眼と脳裏の目とを近づけて、イメージを視やすくするための準備運動でしかないのです。

私の誘導では、最初に草原をイメージしてもらうことから始まることが多いのですが、それがイコール、グラウンディングをしていることに当たります。脳裏の目で草原を視ているということが、そのまま自分は今グラウンディングができているということになるんです。

ちなみに誘導に関しては、「こうしなくてはいけない」という決まりはありません。草原や気球を使うのは私のやり方であって、みなさんが自分でやるときは自分なりのやり方にアレンジして構いません。浜辺で休んでいたら向こうから大きな船がやってきて……という方法でもいいし、気球の代わりに風船につかまって空に飛んでいってもいい。脳裏に上手に描ければそれでＯＫ。「こうじゃなくちゃいけない」という決まりは一切ないので安心してくださいね。

自分の守護霊さんを視てみよう

体からはみ出した私の一部＝チーム不思議

次は自分の守護霊を視ることに挑戦してみましょう。守護霊さんでもガイドさんでもハイヤーセルフでも、呼び方は何でも構いません（この本では、守護霊さんでいきますね）。それらは私たちの体から大きくはみ出しているエネルギー体のことで、生まれたときから常に私たちと一緒にいる存在です。ずっと私たちのそばにいて、どんなときでもあなたのことを守ってくれているんです。

私はこの守ってくれている神さまのことを「チーム不思議」と呼んでいます。なんだかチャーミングでしょう？ 私たちの体に入りきっていない部分ですから、すなわちこれは自分自身とも言えます。エネルギーなので形としては球体ですが、私たちが対象として認識しやすくするために人間の形で視えたりするんです。

チーム不思議こと守護霊さんがあなたをメインで守ってくれていて、それ以外に亡くなったおじいちゃんやおばあちゃん、お参りに行った神社の神様などがときどき補佐的についてくれることもあります。ご縁ができた存在が、チーム不思議に加わって守ってくれるようなイメージです。でも、そういう人たちは遠慮しているような感じで、端っこにちょこっとついているような感じが多いです。おもしろいですよね。

それでは、次ページからまた私が誘導していきますので、自分の守護霊さんに会いに行きましょう。

5 自分の守護霊さんを視る

あなたは草原にいます

回れ右をすると、
断崖絶壁の海が広がっています

そこに大きな壁や屏風、衝立があり、
その前にテーブルと椅子が置いてあります

そこに、
守護霊さんに出てきてもらいましょ

「私の守護霊さん、さぁ出てきて」

自分のすべてを知っていて守ってくれる「チーム不思議」

さて、あなたにはどんな守護霊さんが現れましたか？　今日からしばらくはその守護霊さんを使って、チャネリングの練習をしてみてください。「守護霊さん、今日はこんなことがあったよ」と話しかけたり、「これはこんなふうにしてほしいんだ」、「私の未来、こうするの、どう思う？」など、自由に話しかけてみましょう。こうして会話をすることが大切なんです。耳に「○○だよ」とは絶対に聞こえません。でも、意識でだんだんと会話が成立してきます。

今日現れた人の姿は途中で変わることもありますが、しばらくは同じ人が出てくるはずです。そのうち姿や形がなくなり、声だけになることもあります。先ほども言ったように本当は守護霊さんに形はないのですが、私たちが認識したいから形をとるんですね。ですから、実際はどんなお姿でも影響はありません。

その人たちには、自分のすべてをおまかせしている、と思ってください。あなたのすべてを知っている存在です。私たちは目が覚めると忘れてしまうけど、寝ている間は意識が少し先や過去に行って、これからのことをいろいろと視ているんです。次はこういうことが起こるよ、とか、足をケガするから気をつけて、とか、チーム不思議が具体的に教えてくれるのです。

たとえば、ある人が今世は事故で亡くなると決めてきている場合、その時期が近づいたらチーム不思議が「もうちょっとだから、心残りのないようにしておきなさいね」と教えるので、たいていは心の奥底では知っていて、知らないうちに亡くなる準備をしていたりします。生まれる、亡くなるなどの大きな出来事は変えられませんが、あとの出来事は多少の振り幅があるので、自分の行動や心がけで時期などを変えていくこともできます。

では、次ページでは先ほど視えた方（守護霊さん）に名前を聞いてあげてください。答えがなかった場合は、「この名前でもいいですか？」と聞いて、あなたが名前をつけてあげてください。そこから会話が始まりますよ。

6 守護霊さんに名前を聞こう

あなたは草原にいます

一瞬で断崖絶壁まで行くと、

さっきの守護霊さんがもう出てきています

お名前を聞いて、
話しかけてあげてください

他人の守護霊さんを視てみよう

誰が出てきたかではなく大事なのはその先のメッセージ

今度は、他の人の守護霊さんを視る練習をしてみましょう。やり方は、自分の守護霊さんを視るときと同じです。ただ、まったく同じやり方で視ると、慣れないうちは混同してしまうかもしれないので、屏風や机、椅子などの小道具を自分の守護霊さんを視たときとは変えてみてください。

誰かを視る場合、その人のお身内さんが出てくることも多いです。ただ、どなたが出てきたとしても、大事なのはその先にあるメッセージです。守護霊さんに向かって、「○○さんに何をお伝えしてあげたいですか？」と尋ねてみましょう。何が視えたか、ということよりも、守護霊さんとの会話を通して、自分が感じたことを大切にしてくださいね。

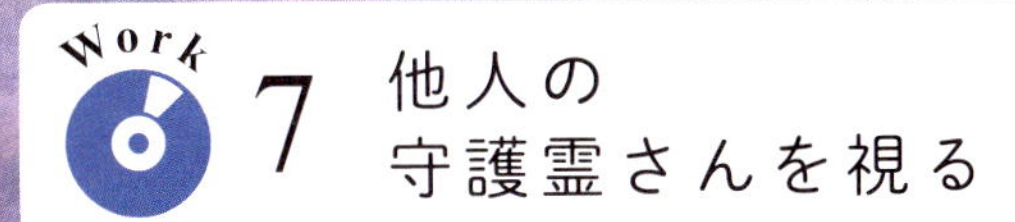

草原から回れ右をすると、
先ほどとは違う
テーブルと椅子が置いてあります
「〇〇さんの守護霊さん、出ておい」
と呼んであげましょう

何が視えましたか？

未来を視てみよう

未来を脳裏に映すことは自分の意思を宣言すること

先ほどは過去世を視ることに挑戦しましたが、今度は未来を視るということをやりましょう。

過去世はちょっとセピアがかったような、そこに何かあるなぁというような色が少ない映像で視えるのが特徴ですが、未来の場合はそれと比べて、くっきりと鮮明に視ることができます。ですから過去世よりも未来のほうが視やすいという人もいるかもしれません。

人は誰しも、自分の未来が気になるものです。ただ、やっぱり未来がどうなる、こうなるというのは、なかなか難しいところがあります。私も今までセッションなどでたくさんの方を視させていただきましたが、正直に言ってすべてがそうなるわけではありません。「これが起こることは何年先だな」と思ってもそうじゃなかったりすることがあります。ですから未来を視るってそれだけすごいことだと思いますし、責任があることなんです。

そして、ぜひ覚えていてほしいことがあります。それは、自分の未来を脳裏に描くということは、それ自体が神さまに「私はこうするよ」、「こんなふうになるから見ていてね」と宣言していることになるということ。ですから自分の未来を視るときは、あらかじめ「こうなっていたい」という思いを明確にしてほしいんです。どうなるかは神さまにおまかせにしているし、神さまは最善最良でやってくださいます。それでも自分としては「こうなっていたいな」という思いを持ってほしいなと思います。

それでは、未来を視ていきましょう。もうだいぶ草原をイメージすることにも慣れてきたと思うので、今度はもう少し端折った誘導にします。それでは静かに座って、リラックスしてください。ゆっくり目を閉じましょう。

8 自分の未来を視る

では、草原を思い浮かべてください
そこから一瞬で宇宙に浮かびます
遠くに綺麗な星が見えてきましたよ

足元を見ると、道が長く続いていきます
その道の先にはなんだか眩しいような、
光り輝くところが見えてきましたよ

そこに向かって一瞬で移動します
「眩しい！」というところまで出てきたら
思い切ってそこをくぐってください

さぁ、その先はどうなっていますか？
「私の未来を視せて」と言ってください

スクリーンが出てくるかもしれません
笑っている顔が出てくるかもしれません

「私の未来を視せて」

願望と未来の区別は難しい

同じ大元を共有しているので
その人の願望を映すことも

さて、あなたの未来はどんな様子だったでしょうか。

次は、他人の未来を視ることをやってみましょう。誰かの未来を視るときも方法は同じですが、絶対に言ってはいけないことがあります。それは寿命に関することと、未来に恐怖を抱かせるようなこと。事故を起こすよとか、病気で苦しんでいる様子だよとか、相手が気にするようなネガティブな未来が万が一、視えた場合は伝え方に十分注意してほしいのです。私は、未来は自分で作ると思っています。運命はあなたの意思に従うのです。

相手のご家族に調子が悪い方がいたりすると、セッションで尋ねられることもあります。私がリーディングをするときは紙に名前を書いてもらって、その名前を入り口にして視ていくのですが、会ったことがなくてもその人のお姿がちゃんと出てきます。でも、お迎えが近い場合はその人が暗く視えたり、ビジョンのなかにその人がいなかったりします。魂は死期が近づくと、帰り支度を始めるからです。ただ、やっぱり寿命は言ってはいけないし、他の人にはわからない。わかっているのは本人だけです。寝ている間に私たちは先を見に行っているからです。

そして、他人を視る場合はその人の中で未来と願望がごちゃごちゃになっていることもあって、両者を区別することがとても難しいんです。私たちは同じ源を共有しているので、その人の願望を映してしまうことがある。だけどパッと出てきたものを言葉にするのはいいと思います。お花をいじってるイメージが視えたから「そうか、お花に囲まれているのね」と解釈して、「お花のお仕事をしているのかもしれませんね」と言うくらいならそんなに大きな問題はないはずです。

それでは、次ページでは誰かのことを思い浮かべて、その人の未来を視ることに挑戦してみましょう。その人をイメージしたときに心に入り込んでくることがあるはずです。

9 他人の未来を視る

一瞬であなたは宇宙にいます

眩しい光の中を突き破って進んでください

何が出てきましたか？

透視とチャネリングの違いとは？

「透視とチャネリングの違いは何でしょうか？」とよく聞かれます。特に定義はありませんし、私はどちらも分けて考えられないと思っています。私たちは無意識に透視しながらチャネリングしていますし、チャネリングしながら透視しています。どちらが先とも言えないし、区別もできないのです。たとえばあなたがハッと何かに気づく瞬間がありますね。忘れ物を思い出したり、何かをひらめいたりするときの感じはチャネリングによく似ています。会社に財布を忘れたとき、気づくと同時に財布の映像と会社の映像が「脳裏」に映っていることでしょう。それはもうチャネリングをして、透視をしているということ。財布とひらめいて、その映像が出てこない人はいないからです。

不思議な存在やチーム不思議からのメッセージは、耳には届かない音やひらめきとしてやってきます。上から文字が降りてくることもあります。誰かを視たり、知らない場所を透視するときも先に脳裏に映像が出てきて、それから言葉や文字が降りてきます。透視もチャネリングも自分がもともと持っている力であり、そしてそれは不思議な存在からのメッセージをキャッチする能力でもあります。すべてを兼ね備えていて、同時に行っているのが私たちなのです。

2章

いろいろなものを視てみよう

この章では、ペットの気持ちを
リーディングしたり、場所の透視をしたりと、
さらにいろいろなものを視る練習を
していきましょう。

視る対象に意識をピンポイントでフォーカスする

ここからはさらにいろいろなものを透視する練習をしていきます。透視で視えるビジョンのイメージを改めてお伝えすると、肉眼で見ているこの実像の上にクリアファイルを重ねたような状態です。たとえば脳裏の目で桃太郎を視ているときには、クリアファイルの後ろに桃太郎の姿が浮かんでくる感じです。ですから決して明晰なリアルな映像として視えるわけではありません。

その存在をリーディングするには、その存在に意識を合わせるんです。「その人に意識をロックオンする」と私は呼んでいるんですが、広がっている散漫な意識をピンポイントでその人に向ける感じ。そして、その人と意識がつながったときに、必ず何か伝えたいことが出てきます。苦しい、悲しいなど届く感覚があります。それは人間に限らず、動物の場合も同じです。

私のブログを読んでくださっている人は、「私が飼っている猫のみかん」と言

えば、みかんの姿が出てくると思います。でも、私の友人が飼っている猫のりんちゃんと言うと、全然知らない猫が出てくるはずなんです。でも、正面からでも、下からでも、どこから視ても構わない。それによって視える映像が若干違ってくるのです。それでは、みなさんのペットとつながる練習をしてみましょう。

私の友達が飼っている
猫のりんちゃんというと
どんな猫が脳裏に映りますか？

動物にも人間と同じように伝えたいことが必ずある

さて、りんちゃんはどんな姿をしていましたか？

ペットに意識をフォーカスしたら、その次は何を伝えてくるんだろう？　ということを感じてみてください。意識するってなかなか難しいんですけどね。ペットの姿を脳裏に描いて、何が降りてくるんだろう？　何が伝わってくるんだろう？　ということを大事にしてほしいんです。それが「リーディングをする」ということです。動物だから話せないとか、そういうことではなくて、人だって動物だって過去だって未来だって、脳裏に描いたときは同じなんです。

対象物にピンポイントで意識を集中させるんです。そのときに肉眼は使いません。あくまでも脳裏の目、神さまの領域です。そこに映るペットに意識をロックオンして、フォーカスしたら、そのあとはもう脳裏の中でしか探らないんです。脳裏に映る姿にフォーカスして意識を向けっぱなしにしていると、必ず伝えたいこと、教えたいことが出てくるはずです。そして、その状況すらも見せてくれて、気持ちも何もかも脳裏に届いてくるんです。

それは耳から聞こえるわけではないかもしれません。言葉ではなく、文字で浮かんでくるかもしれません。でも、悲しいとか、うれしいとか、そういったエモーショナルな感覚が届いてくるんです。

動物にも、人間と同じように感情があります。人に飼われているペットなら、なおさら人間に近いと言えるでしょう。生きていても、亡くなっていても、何を伝えたいかをはっきりと教えてくれるはずです。

それがリーディングするとか、不思議なみなさんを視るということなんです。

Work 11 動物の気持ちを読む

猫のりんちゃんに意識を向けると
何を教えてくれますか？

Work 12 動物の目で視る

次は、桃色インコのぴーちゃんを
イメージします

ぴーちゃんの中に入って、
ぴーちゃんの目を通して視てみてください

何が視えますか？

動物も人もやり方は同じ

相手の内側に入って意識をロックオンする

ペットが何を考えているか、何を見ているか、飼い主に何を訴えたいかというのは、その子の内側に入っていくことで視ていくことができます。犬だったら視点が人間よりも低いので、その子が見ているものを見ようとすると、視点がグッと下がり、下から見上げているような画面に切り替わってしまうんです。それがペットをリーディングする方法です。

先ほどやった桃色インコのぴーちゃんの中に入ったら、何が視えましたか？　カゴの中にいた、どこか知らない部屋が視えた、飛んでいたなど、いろいろなぴーちゃんになっていたと思います。自分でいるときでは視えなかった目線、視点から世界を視ていたでしょう？

そしてそれは、人間にも応用できます。たとえば「中居くん！」と言うと、タレントの中居正広さんの姿をイメージすることができると思います。そして、中居くんが今、何を考えているのか知りたいと思ったら、意識を中居くんに向けなくちゃいけないんです。そうすると、なんだか知らないけれど、いろんな感情がフッと湧いてきたりします。今、もしかして不安なんじゃないかなとか、悩みごとがあるんじゃないかなとか。悩みごとのない人なんていないかもしれないけれど、二十代の中居くんを映そうと、四十代の中居くんを映そうと、同じ中居くんなのでリーディングに影響はありません。お姿の違いはそんなに大きなことではないんです。

このように生きている人に対してと同様に、亡くなっている人や全然知らない人もリーディングすることができます。亡くなっている人もその姿を脳裏に描くことで、その人の思いとつながることができるのです。私は名前を使ってリーディングすることが多いのですが、写真を使ってリーディングすることもできます。

知らない人を視てみよう

目の前の人を通して知らない人と意識をつなげる

私の友達の「オノデラチカコ」（仮名）さんと言うと、みなさんは会ったことがなくても脳裏に「オノデラチカコ」という人が浮かんでくるんですよ。同姓同名もいるじゃない？ と思うかもしれませんが、みんな私にアクセスして、間違いなく私が知っているオノデラチカコとつながります。髪の毛や服装など、姿はみんな若干違うと思いますが、脳裏の目をいつも意識していると、だんだん実物とほとんど姿が変わらなくなってくるのです。

それでは、まさに全然知らない人を視るということをやってみましょうか。今度は私の友人の「カワバタクニコ」（仮名）さん。イメージ的には私を介して、ご自分の作り上げるカワバタクニコにアクセスしてほしいんです。どんな姿で、何をその人から読み取るか。私を通してリーディングしてください。当たってい

Work 13 知らない人の姿を視る

私を通して、私の友人のカワバタクニコをイメージしてくださいどんな外見や雰囲気の女性が映りますか？

る、当たっていないというよりも、何もなくてもこうやって私たちには映せるものがあるということを知ってほしいんです。多少髪の色や体型などが少し違ったとしても、それぞれが思うカワバタさんに若干の違いはあれ、気持ち的には大元でつながっているんです。ですから若干映している姿が違ったとしても、リーディングってそういうところで同じになっていくんです。

私たちはもともとエネルギー体から抜けてどこへでも行ける

私たちはもともとエネルギー体なので、どこへでも行くことができます。どこでも気になる場所や、遠くの神社さんなどのように行ったことのないところなども視ることができます。学生時代、ボーッと考えごとをしていて、先生に当てられてハッと意識が戻るということがありませんでしたか？　私はしょっちゅうだったのですが、あれも体から意識だけが抜けている状態です。

それってどうやるの？　というと、さっきの人を視るやり方とまったく同じ。何も言っていないのに、パーッと映像が出てくるときがあって、どこの神社さんだろう、どこの神様だろうって思うことがあったりするんです。どのあたりだろう？　と探っている時点で、もうそこを視ているということですね。

では、早速、練習してみましょう。

私が住んでいるのは仙台市泉区というところなのですが、その近所に、歩くには少し距離があるんだけれども、小山に突き当たるところがあるんですね。そう言っているだけで、みなさんはもう脳裏をフルに使って想像しているはずです。私の中にある映像を一生懸命視ようとしているはずです。

そして、小山に突き当たると、細い枕木の階段がいくつかあります。そこを駆け上がっていくと、すごく小さい神社さんがあるんですね。そこは私の仲良しの神社さんで、お参りに行くたびに「神様こんにちは。お仕事行ってきます」とか、「神様こんにちは。今日もありがとう」とかご挨拶しているんですが、そこの神様に毎日話しかけていると、ある日神様からお返事があったんです。


さぁ、そんなふうに聞くと、具体的な特徴は言っていなくてもみなさんの脳裏には私の神社さんが映っているはずなんです。不思議ですね。

それでは、次ページでは誘導に合わせて、場所の透視をしていきましょう。

Work 14 知らない神社を視る

神門が三つほどある、
とても大きくて古い神社があります

神門から拝殿までかなりの距離があって
神門にはシデが飾ってあります

その神社を上から眺めてみましょう
何が視えますか？

ピーターパンのように自由に その場所に降り立つ

いかがでしたか？　神社のイメージが自由に浮かんできたでしょうか。「視えるってこういう感じなんだな」ということがわかったら、あとはもう方法に決まりなどないんですよ。

先ほどの神社さんにしても、どこにしても、どの角度から視ようと、すべてその人の自由です。正面から視てもいいですし、上に飛び立って、航空写真のようにそこから見下ろしてもいいです。もっと自由に、ピーターパンのように空を飛び回るイメージで。自分がストンとそこに降り立って、くるっと360度見回してみてもいいんです。そうするとここに林があって、茶色い屋根があって、境内があって、端の方に鶏小屋があって、ここに神様がお祀りしてあって……というふうに、かなり正確に視えてくるようになります。

大事なのは、意識の中でその場所に降り立つということ。先ほども、私の誘導を聞きながら、みなさんは行ったこともない神社さんの前に降り立っていたんです。何度も言いますが、そこで自分が視たものは決して妄想や空想ではなくて、「そんなに間違っていないかもしれないな」と自分で気がついてあげることが大切なんです。

このほかに知らない場所を視る方法としては、具体的な住所を聞いて、そこから脳裏に浮かんでくるものを視るというやり方もあります。

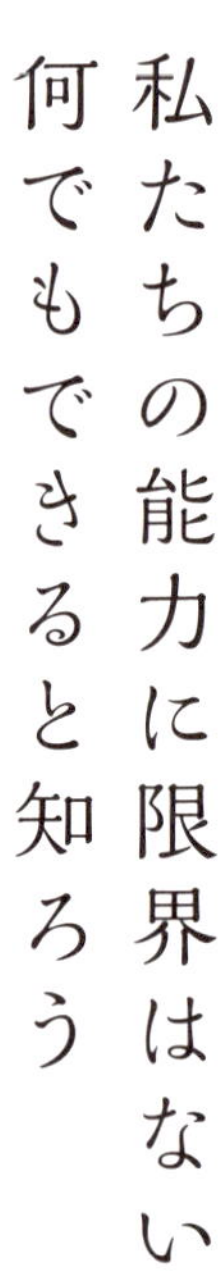

私たちの能力に限界はない何でもできると知ろう

とはいえ、私も最初は脳裏に映るものは妄想や空想だと思って、そんなに真剣に受け止めていませんでした。でも、十年くらい前に友人とおしゃべりをしていたとき、彼女の恋愛相談を聞きながら、なんとなく相手の姿がぼんやりと脳裏に浮かんできたのです。

それで「その人って、もしかしてこういう人？」と聞くと、「どうしてわかるの？」と言われて。それが、もしかして脳裏に映るものは妄想じゃないのかもしれない、と思った最初の出来事でした。

みなさんも、お子さんが「学校で○○ちゃんがね」と話すのを聞きながら、なんとなくその子のイメージが浮かぶことがありませんか？　そのときに「○○

ちゃんってこういう子?」と口に出してみてください。そうすると、中には当たっていることもありますから、きっと「すごいね」と驚かれることもあるでしょう。そうして自分の力に自信をつけていくことができます。

普段の会話の中でも、脳裏の部分に半分意識を向けながら話を聞いてあげるということがリーディングの第一歩になります。上手にリーディングをするためにグラウンディングやほかの何かが必要なわけではありません。いかに対象に意識を向けられるか。それ以上でも、以下でもないのです。

ですから、いかに自分の脳裏に意識を向けられるかがポイント。私たちは航空写真のように空から眺めたり、そこに降りてみたり、ぐるっと回転して視てみたり、またはその建物の中に入ることもできるんです。そして、ここに机があって、ソファがあってというところまで視えてきます。まずは、何でもできちゃうんだなと思ってください。これは偶然かもというのではなく、脳裏に映るってことでいいんだ!とOKを出してあげることで、透視がどんどん上達していきます。

アカシックレコードについて

みんな自分のアカシックを持っている

さて、みなさんはアカシックレコードという言葉を聞いたことがあるでしょうか？　すでにスピリチュアルに親しんでいる人なら、なんとなくその意味はご存知かもしれません。

アカシックレコードは、別名「宇宙図書館」とも呼ばれていて、エドガー・ケイシーさんのリーディングによってその存在が一躍知られるようになりました。それは宇宙に浮かぶ図書館のようなもので、そこに過去も現在も未来も含めたすべての情報が収められていると言われています。

ただ、それはみんなに共通する一つの場所というわけではなくて、アカシックレコードは人によってその在り方が異なります。自分がリーディングするための場所がそれぞれに用意されている、といえばわかりやすいでしょうか。ですから万人に共通の図書館を思い浮かべてしまうと、それは誰かの図書館ですから、自分の図書館としての機能は果たさないということになります。

私が自分のアカシックレコードとつながるようになったとき、「ここが私のオーダーする場所。私はいつもここからリーディングするからね」と、視えない存在に宣言したことがあります。たまたま行った先が図書館だった、草原だった、それは何でもよくて、ここが私が安心してリーディングする場所って思って決めてもらった場所がアカシックレコードなんです。そして、イメージの参考にお伝えしておくと、アカシックレコードは縦に長いのではなくて、奥に奥にと広がっている奥行きのある空間です。

それでは、次ページではご自身のアカシックレコードへ出かけてみましょう。リラックスして寝てしまったら、それでも大丈夫ですよ。

Work 15 アカシックレコードを視る

草原をイメージしてください
綺麗な七色の気球が降りてきて、
それに乗り込みます

一瞬で暗い宇宙に登ってきました

星がたくさんあって、眩しい光が見えてきました
一瞬で、光の中へ行き、
そーっとくぐっていきます
そこにどんな世界が広がっているか
よく見てあげてください

誰かに会ったら「こんにちは」と言って、
中心まで向かってください

Work 15 アカシックレコードを視る

すると、七色のエレベーターが現れます
エレベーターに体を入れて、
くるくるポン！と打ち上げられてください

体が打ち上げられて、
飛ばされた先はどんな場所か、
よく見てください

ここが自分のアカシックの場所です

歩いていると次元のつなぎ目のような、
扉のようなものがあるので
そこへ一歩ずつ向かってください

アカシックレコードで知りたいことを知る

会いたい人に会ったり知りたいことを教えてくれたりする

アカシックレコードを隅々まで歩いてみると、次元が変わる切れ目のような、つなぎ目のようなものがたくさん現れます。そこを一つずつ移っていくようなイメージです。そうしていると不思議な存在がそばにやってきて、自分に声をかけてくれたり、困っていたことや知りたかったことのヒントになるようなことを教えてくれたりもします。

アカシックに行くということは、まさに幽体離脱と同じこと。体はここにあって、意識だけを動かしているような状態です。そして、その状態はとても神さまと近いので、アカシックは神さまに会いやすい場所でもあります。何だかわからないけれど、温かいものが自分をギュッと抱きしめてくれたとか、そういう感覚になるのはアカシックにいるときが多いです。

そして、会いたかった人や、亡くなった人に会える場所でもあります。

私は、アカシックは自分の体は現実世界に置いておいて、意識だけになって、意識だけのみなさんに会える場所だと思っています。いろんな人がやってきて、いろんな場面を見せてくれますし、いろんなことを教えてくれます。

あの世とこの世の境目と言えばわかりやすいでしょうか。そして、アカシックは時間の概念も現実世界とは異なります。アカシックは今より少し先で、それと同時にやや過去でもあります。つまり私たちが「現在」だと思っているところは、過去でもあり、未来でもあるのです。魂には時間の概念がないので、ちょっとややこしいかもしれませんが、心に留めておいてください。

聞きたいことが聞ける、知りたいことが知れる場所がアカシックです。とてもおもしろい場所ですから、どうぞみなさんもこの誘導に従って、自分のアカシックを自由に探訪してみてくださいね。

オーラについて

オーラはみんなゴールド
着ている服の色で変わる

オーラの色を視るリーディングもありますが、私は同じ人でも会うたびに違う色に視えることを不思議に思っていました。なぜだろうと考えていると、そのときに着ている洋服の色が反映されているのだと気づいたんです。もともと私たちが持っているエネルギー体はゴールド。神さまという生命体が肉体に入っているので、体はゴールドの球体に囲まれているという感覚です。

神社の神様の場合、マゼンタや半透明など神さまごとに色が異なりますが、私たち人間はみなゴールドだと思っていいです。けれどそれは光なので、七色を保有しているとも言えます。私たちが虹を見てワクワクするのは、自分を見ている から。自分のエネルギーフィールドに同じ七色を保有しているからなのです。

ですからもともとオーラはみんな同じ色ですが、着ている服によってその色のエネルギーをまとい、オーラの色が変わるということ。服を変えればオーラの色も変わるので、「今日のあなたの色は何色です」という感じですね。

ピンク色の服を着ていれば、脳裏でその人の姿を視たときに背後にピンクを感じますし、緑色の服を着ていれば頭の上にグリーンの色が入って視えるかもしれません。色は体のふちの、顔の横や頭の横あたりに入ってくるような視え方が多いですがその都度変わります。黒は抑える色なので、黒色の服を着ている場合は、中に着ているインナーの色が出てきたりもします。肉眼で見ているけれど、その色の気配を脳裏で感じるのがオーラの見方だと思ってください。

チャクラは急所 肉体と魂をつなぐソケット

オーラに続いて、チャクラという概念についてもお話ししたいと思います。

チャクラも一般的には色があり、第一チャクラは赤、第三チャクラは黄色というようにそれぞれ七色が対応していると言われています。みなさん当たり前のように話していらっしゃいますが、実は私にはチャクラの色は視えません。

チャクラに色があると聞いて挑戦してみたことがありましたが、どうやっても視えないんです。服を着ているせいかなと思って、お風呂場で視てみたこともあるのですが、やっぱりわからなくて……。それで、「もしかして私だけが視えないのかな?」と心配になって、一時期いろいろな人に聞いてみましたが、やっぱりみんな視えないとのことでした。私にとっては何色というよりも玉虫色のような感じなんです。

私は誰かが言ったことではなく自分の視えたことがすべてなので、チャクラについてもチーム不思議に尋ねたことがあります。「私には色が視えないのですが、チャクラってなんですか?」って。そうすると「チャクラは体とエネルギーのつなぎ目。急所だよ」と教えてくれました。「体の中心にある部分は大事なんだよ」って。

よく、チャクラはエネルギーを出し入れしている場所、とも言われていますが、私が聞いた話ではそういうわけではなく、チャクラは体と魂(命)とを結ぶつなぎ目、ソケットのような場所で、大事な急所ということでした。ですからチャクラを損じるということは、肉体と魂が離れてしまうということになります。それがつまり、亡くなるときということなのです。

チャクラについて②

亡くなるときはチャクラを一つずつ外していく

私たちが死を迎えて肉体から離れるときは、自分でチャクラを一個一個、外していくそうです。亡くなる前は意識がないことが多いのですが、そのときは一箇所だけがつながっていて、それがお餅のようにどこまでも伸びているような状態だそうです。そして、いよいよ亡くなるというときに魂が戻ってきて、自分でそのつなぎ目を外すのだとか。

生きている私たちはチャクラにあるつなぎ目が外れることはありません。チャクラは大切にするところ、保護するところだと思ってもらえるといいでしょう。

ちなみに、人は亡くなる前に、自分でも気がつかないうちにいろいろな準備をしています。病気や老衰で亡くなる場合も、ただ意識がないというわけではなくて、その間に体を抜けて魂がアカシックレコードに行ったり、大切な人に別れの挨拶を告げに行ったりしているといいます。ですから不慮の事故で急に亡くなったように思えても、本人は深いところでそれを知っているし、理解しているといいます。そう考えると、急なことでも本人はわかっているのです。

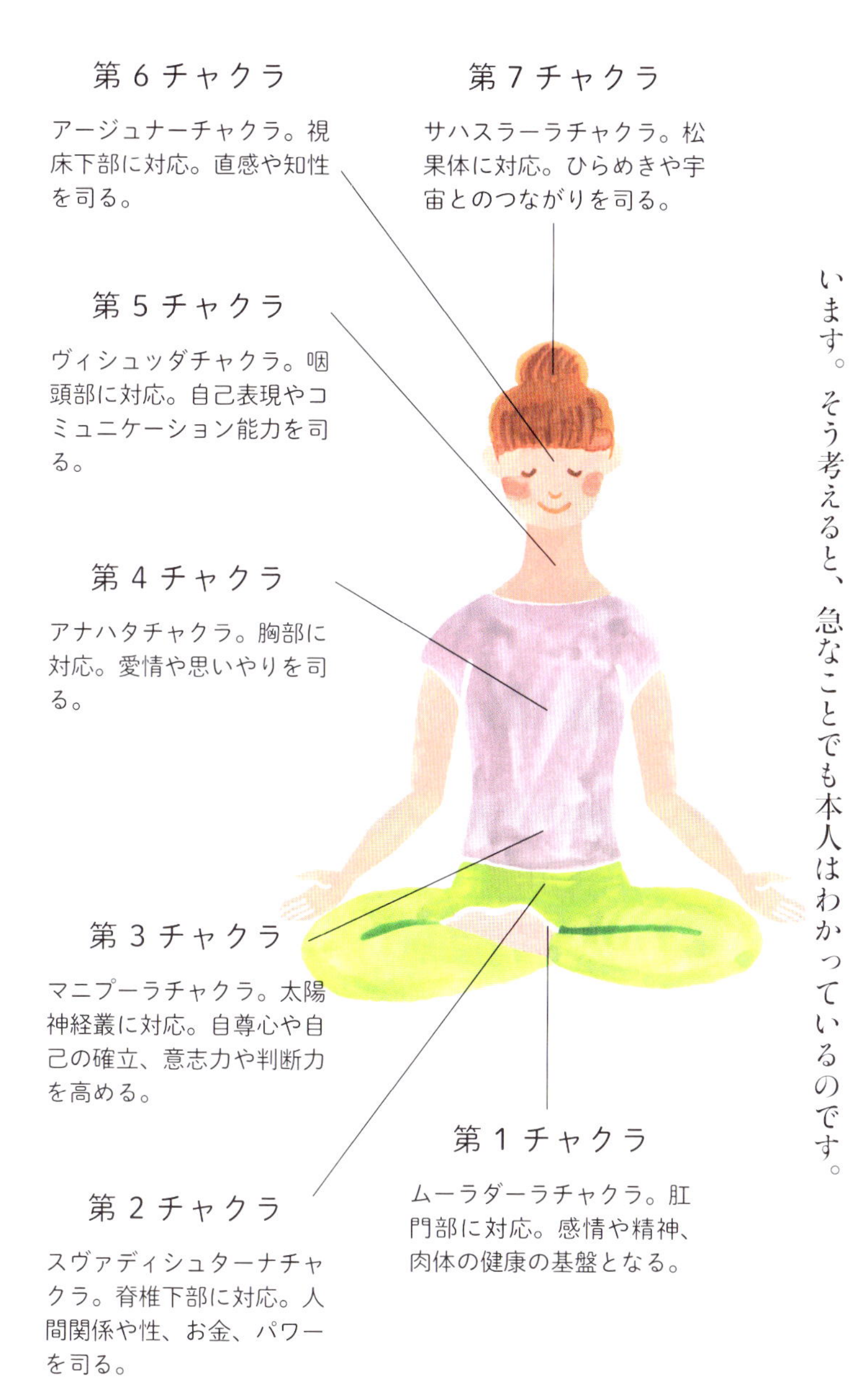

タロットカードなどのツールを使う意味

カードが従うのはあくまで自分自分主体のリーディングが人を惹きつける

タロットカードやオラクルカードでリーディングするときのことをお話ししましょう。みなさんが実際に誰かに対してカードでリーディングしようというときに大切なことがあります。それは、カードというツールに頼りきりにならないということ。「カードを引いて、出たカードがなんて答えるか」という手法だと、自分がカードに従ってしまうんですね。それでは自分のリーディングができなくなってしまいます。カードに依存してしまうと、私たちはカードにお伺いを立てて、カードに動かされていることになってしまうからです。

カードを使ったとしても、リーディングをメインで行うのは自分なのです。自分を尊重すると、カードがあなたに従うようになります。だったら何も持たずにリーディングした方がいいじゃないかと思うかもしれないけれど、私たちは何もないと自信を持ってお答えすることができないんですね。視えたことだけを伝えるのは責任重大ですから、思いきった言葉が出てこなくなります。「私ではなくて、タロットがこう言っています」とした方がスムーズに言葉が出てくるんです。ですから実際には自分のチャネリングがメインだけれども、使えるところはカードを上手に活用するというイメージです。

カードだけでなく、手相や姓名判断、星占いでも同じです。そのツールで視ていると同時に、自分のチャネリングでお答えするんです。その方が「この人はすごい！」と言われるし、正解率も上がります。実際にプロの占い師さんやヒーラーさんであっても、同じカードを同じように読んで伝える人は一人もいません。

ですから自分のチャネリングを第一に考えて、そのあとにタロットカードや手相、姓名判断など、自分が得意なものを見つけて組み合わせるといいでしょう。そしてチャネリングも過去世を視るのが得意なのか、遠隔のリーディングが得意なのかを探して、自分のものにしていただきたいと思います。

スプーン曲げに挑戦してみよう！

昔、超能力番組などで、手でスプーンを曲げるところを見たことがありませんか？　スプーン曲げは超能力の代表格のように思われていますが、これは超能力でもなんでもなくて、テコの原理です。ただ、スピリチュアル的に言えば、どこに意識を向けるか、もしくは意識を外すかが大事だということ。そして、諦めた時点で曲がらないので、最後までやりきることを大切にしてください。

では、コツをお伝えしますね。まず、ふくらみがある方を自分に向けて、スプーンの柄の中央を利き手の親指を立ててしっかり持ちます。肘をピンと伸ばし、自分の顔が映るところにスプーンを持ってきます。そして、反対の手をスプーンの先端にかけます。

このときに「このスプーンを曲げてやろう」と思うと、スプーンは絶対、曲がらないようになります。だから絶対にスプーンに意識を向けないで、腕をピンと伸ばすことと、弓の役割をする肩甲骨だけを意識します。後ろに伸びるわけじゃないけど、後ろに伸ばす感じで肩甲骨を真後ろに向けるイメージで最後まで引っ張ります。弓をしならせるように、ギューッと引ききると、飴のようにフニャッと曲がる瞬間があります。

一度コツをつかめば必ずできるようになります。

利き手で
スプーンを持つ

自分の顔が映る高さにスプーンを掲げ、柄の中央あたりを利き手で持ちます。親指を立て、肘をピンと伸ばしましょう。

2

スプーンに
反対の手をかける

スプーンの先端に反対の手をかけます。

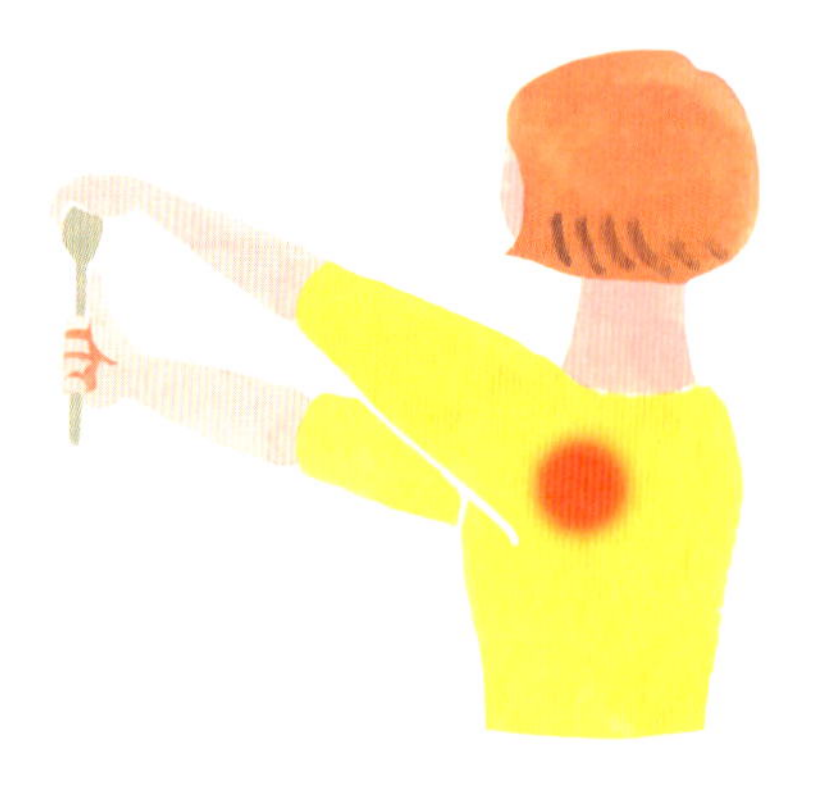

3
肩甲骨から
腕を引く

意識を肩甲骨に向け（スプーンのことは意識しない）息を吐きながら、肩甲骨から動かすように腕を後ろに引ききります。このとき、肘は曲げないように。

4
スプーンが
曲がる

最後まで引ききると、飴のようにスプーンがグニャンと曲がります。

3章 もっと大きな世界とつながる

「視る」ということにだいぶ慣れてきましたか？
この章では自分を癒したり、魂を解放したりする
方法をお伝えしていきます。
リラックスした気持ちで始めていきましょう。

自分の本当の気持ちに気づくセルフチャネリング

今までは透視＝チャネリングということで過去世や未来を視たり、アカシックへ行ったりしてきましたが、そうした不思議な世界ばかりでなく、自分自身を視ることもできます。それが「セルフチャネリング」です。自分自身の本当の感情というのは、なかなか見えづらいもの。特に、大人になると周囲の人に合わせて本音を隠したり、不快感があってもなんとなくやり過ごしたりしているうちに、「自分が本当は何を思っているのか」ということがどんどんわからなくなっていきます。

このセルフチャネリングでは、右手に自分の好きな部分、左手に自分の嫌いな部分をのせ、それぞれの色や形、質感を感じていきます。

実際には手のひらに何ものっていませんが、やってみると確かに色や形、重さを感じられると思います。目には映らないし、他の人には感じられないけれど、ちゃんと自分はわかっている。これこそがチャネリングなのです。

そして、手を耳に近づけて、それぞれどんな声が聞こえてくるのかを観察します。次に、両手をそっと合わせて、自分の好きな部分と嫌いな部分を統合していきます。そうしてそれはどんな形で、どんな色になっているのか、見てあげるのです。最後に胸に手を当てて、統合した感情を自分のなかへ還していきます。

この作業を通して、自分が本当はどう思っていて、どんな言葉をかけてもらいたかったのかということがわかってきます。ですから何となくモヤモヤするようなとき、右手には今の自分の好きなところや宝物、希望、左手には今の自分の嫌いなところ……というふうにやってみてください。そうすると、右手にも左手にも色や重さがあって、それぞれからの言葉、そして合わせたときに聞こえてくる言葉があるはずです。

どうぞセルフチャネリングで、自分の本当の気持ちに気づいてあげるということを習慣にしてみてくださいね。

Work 16 セルフチャネリング

右手に自分の大好きな部分、
愛おしい部分をのせます
どんな形で、どんな色をしていますか？

左手には自分の嫌いな部分、
闇の部分をのせます
どんな形で、どんな色をしていますか？

そっと右手を右の耳に当ててください
右手にあるものは
あなたに何とささやきますか？

今度は左手を左の耳に当ててください
左手にあるものは
何とささやきますか？

Work 16 セルフチャネリング

次は右手と左手を
そっと合わせてください

ピタッと手を合わせて、
もう一度手を開くと、
どんな形で、
どんな色に合わさっているでしょう？
よく見てあげてください

次は胸に手を当てて、
その形、色を胸にあげてください
何と言って自分に染み渡るでしょうか？

神さまとつながる六芒星の瞑想

六芒星に意識を集中すると無の感覚になれる

みなさんは六芒星をご存知ですか？　上向きの三角と下向きの三角を合わせたような図形です。あるとき六芒星のイメージが脳裏にパッと降りてきたことがあって、ものすごいエネルギーを感じたのですが、最初はどういうふうに使えばいいかよくわかりませんでした。ただ、図形にもそれぞれのエネルギーや響きがあるなと思って、それを感じて頭の上に六芒星のイメージをのせたりして遊んでいたのです。

そうするうちに、六芒星に意識を向けると無になれるということがわかってきました。「今、私、何も考えていなかったな」って。普段、無になるってなかなか難しいですよね。チャネリングも心を無にすることから始まりますが、無になるためには意識をどこかに固定する必要がある、と不思議な存在から聞いたことがあります。ですからそんなときに、六芒星の力を借りるといいんです。

六芒星の瞑想は、とても簡単です。

床の上に座ったり、寝転がったりしてリラックスして、頭上20㎝くらいに直径30㎝くらいの六芒星の輪っかをイメージします。そして、あごを引いて六芒星の先端に意識を向けて、しばらくじっとしています。すると、頭の上に重さを感じてきて、自然と頭の中が無になっていきます。

こうすることで、透視やチャネリングをしやすい状態になりますし、心身を癒して、エネルギーをチャージする効果もあります。ですからチャネリングする前だけでなく、疲れたときや寝る前に行うのもおすすめです。

Work 17 六芒星の瞑想

1

床に座るか寝転がり、
リラックスします

2

頭の上から
20㎝ほど離れたところに、
直径30㎝ほどの
六芒星をイメージしてください
少しあごを引き、六芒星に意識を向けます

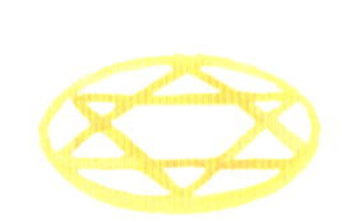

3

六芒星からオーロラのような
カーテンが降りてきて
すっぽりと体が包まれました

4

頭上にある六芒星が
鉛筆の芯のように尖っていきます
あごをひいて
何も考えず、
ただ六芒星のエネルギーを
感じましょう

六芒星が持つパワー

フラワー・オブ・ライフと六芒星が合体したパワー・オブ・ライフ

六芒星の瞑想は行いながらそのまま眠っても構いません。どうぞ六芒星から降り注ぐオーロラに包まれながら、ゆっくりと休んでください。六芒星の先端がアンテナのような役目を果たし、不思議な存在からのアドバイスが聞こえたり、ひらめきが起こったりすることもあるでしょう。

そして、六芒星を含んだ「パワー・オブ・ライフ」という神聖曼荼羅もあります。これも不思議な存在から教わったのですが、あるときフッとこの単語が浮かんできたとき、わからなかったので検索するとフラワー・オブ・ライフがヒットして、パソコンの画面からその図形が飛び出してきたんです。「何これ!?」と驚いていると、そこに六芒星が加わって、どうやらそれが「パワー・オブ・ライフ」というものらしい、とわかったのです。

意味としては、若返りや細胞活性だそうです。私は拙著『エネルギーの魔法』についているパワー・オブ・ライフのお守りを布団のシーツの下に敷いて寝ているのですが、心なしか少し若返ったような気がします。そして、イメージを使って痛みを取ることもできます。「パワー・オブ・ライフ」と呼ぶとそのエネルギーが手のひらにのるので、たとえば膝が痛ければ、膝くらいの大きさのパワー・オブ・ライフをイメージの中で膝にのせます。私が飼っている犬がヘルニアになったときも、パワー・オブ・ライフを指先にのせて腰に貼ってあげたのですが、効果てきめんでした。

子どもに還るプシュケ語の奏で方

誰もが奏でていた魂の言葉がプシュケ語

みなさんはプシュケ語というものをご存知ですか？　地球上の言語に属さないので宇宙語と言われている言葉です。私が初めて宇宙語について知ったとき、なんだかわからないけれど喉がムズムズし始めたんです。そしてその夜、バーッと知らない言葉が次から次へとあふれ出してきたんです。

自分ではなんだかわからないとき、私はいつも不思議な存在に尋ねるので、そのときも「この音はなに？」と尋ねました。すると「プシュケ」と降りてきたので、インターネットで検索すると、「魂の音」と出てきたのです。

そのときに宇宙語と言うよりも、いろいろな魂が奏でる音がプシュケ語なんだなと思いました。懐かしいような、涙が流れるような感じでもあり、楽しくもあり、人それぞれ必ず音は違います。でも、何に近いかというと、赤ちゃんの喃語(なんご)

です。人は、生まれて間もない頃は、みな魂の音を奏でていたといいます。けれど、周りの大人が話す言葉を聞き、母国語を覚えるようになると、だんだんそちらの方が当たり前になって、自然と宇宙語を忘れてしまうのです。

誰だって「今から赤ちゃんに戻りましょう」と言われても難しいと思うので、私の誘導に合わせて、ご自分の魂の音を奏でてみてください。イメージとしては退行催眠です。精神年齢がどんどん幼くなり、体がハリボテのようになって、お腹に宿る前の赤ちゃんの種のような状態まで戻ります。お腹に入る瞬間、黄色の管のようなところからお腹に降りてくるというあたりまで戻った段階で喉を開くと、喃語のような宇宙語がフッと出てきます。頭で考えるのではなく、自然と音が出てくるという感じです。

プシュケ語を奏でるとき、横になってリラックスしましょう。恥ずかしいという気持ちが湧いてくると言葉が出てきづらいので、できれば一人きりの空間で行ってくださいね。

Work 18 プシュケ語を奏でよう

横になって目をつぶってください
ゆっくりとリラックスして、
体の力が抜けていきます
肩の力も、腕の力も、
脚の力も腰の力も抜け、
顔の筋肉もゆるんでいきます

この体のまま、
意識だけが小さくなっていきます
さぁ、10歳の子どもの体になりました

次は５歳の自分になりました
体はゆるゆると、
なんだかカポカポッとしてきました

もっと小さくなっていきますよ
３歳の自分になりました

１歳の自分になりました

さぁ、生後間もない自分です

もっともっと退行して、
完全に年齢も体のことも忘れてしまいます

Work 18 プシュケ語を奏でよう

今、お母さんのお腹の中に
すっぽりと戻りました
産まれる準備をする10ヵ月の胎児です
お腹の中はとても窮屈ですね
胎児は今5ヵ月です
ちょっとゆるくなりました
もっともっと小さくなりますよ

お腹の中に入ったばかりの小さな一つの種です
お母さんのお腹には眩しい光の通路があって
そこから私たちは降りてきました

子宮から出て、光の通路まで戻ります

光の源から降りてきた小さな種は
「〇〇ちゃん」として
お母さんのお腹に入ろうとしています
そのときに神さまとお話をしています
その種の中にはいろんな記憶があります
宇宙の記憶、神さまの記憶、花だった記憶、
木だった記憶……
それらをギュッと圧縮した音を奏でて
神さまにお別れを言いましょう

そっとお耳に手を当てて、
顎を上げて、喉を開いて、
胸も大きく開いて、
音を自由に鳴らしましょう

自分だけの音を奏でる

宇宙にアクセスしながら内から出てくる言葉

プシュケ語の体験、いかがでしたか？　講座などで行うと、すごくリラックスした、楽しかったという感想も聞こえてきます。

今、自分自身がパイプとなり、宇宙や神さまにアクセスしながら音を出すという経験をしました。不思議なのですが、「恥ずかしい」と思ってしまうと、言葉がピタッと出てこなくなります。「何をやっているんだろう」、「こんなのばかじゃないの」と思ったときも同じです。感じるままがいいんです。体も心もゆるませて、一回言葉が出ると、とめどなく出るようになります。ですからぜひ、羞恥心を外してください。

先ほども言ったように、私たちは子どもの頃、誰しも喃語のようなデタラメ語を話しています。プシュケ語はその人が持っている音ですから、みんなそれぞれ奏でる音が違って当たり前。けれど、魂でつながっているので、人のプシュケ語を聞いていてもどこか懐かしい気持ちがしたり、涙が流れたりするのです。

たとえば、夜空を眺めながらやってみると、何だかよくわからないものが動いたり、ピューッとやってきたりすることもあります。木に触れながらやってみると、意味はわからないけれど、木と意思疎通しているなという感覚が芽生えてくるのです。動物に対してもそうです。

恥ずかしくてプシュケ語が出てこなかった人は、それでも何度か挑戦してみてください。楽器と同じで、ただ鳴らしているだけ。そうすると心と体がどんどんゆるんでくるんですよ。

羞恥心を外すと、いろいろなものとアクセスできるようになったり、自分を解放することもできます。宇宙語ヒーリングや、宇宙語リーディングをされてらっしゃる方もいます。プシュケ語、ぜひ好きなように使ってみてくださいね。

御霊の拾い上げ①

あのとき言えなかった自分の思いを言葉にする

生きているとすごく悔しかった記憶や、どうしても許せない人の一人や二人はいると思います。だけど、じゃあその人をギャフンと言わせれば気が済むのかと言うと、決してそうではないということを教えてもらったことがあるんです。

今から十年ほど前のことです。お茶碗を洗っていたとき急に、昔、人から言われて腹が立ったことが頭の中によみがえってきたのです。振り払おうと思っても何度も何度も出てきて、「私はあのとき本当は何が言いたかったんだろう？　どうしたかったんだろう？」と思ったら涙が止まらなくなって、気がつくと言いたかったことをしゃべっていたのです。

本当はあのとき傷ついていたんだ、怒りの根底にあったのは悲しみだったんだと思うと、涙が止まりませんでした。昔のことだし、今はもうその感情もなくなっていると思いきや、全然そうではなくて。何度も思い出してしまうということは、そのときに傷ついた自分は今でも残っているということなのです。

魂は相手からの謝罪を求めているわけじゃなくて、相手を言い負かしたいわけでもなくて、自分の言葉を奏でてほしいだけ。私、こんなにもたくさん自分を傷つけていたんだなと初めて実感しました。そういう悔しかったことが、小さい頃からいっぱい積み重なっていたんですね。

相手はもう目の前にいないし、先生や親も忘れていることだったりします。けれど、私は本当はどうしたかったんだろう？　と、十代や二十代のときに言えなかった言葉を五十代の自分が今、代わりに奏でてあげることで、そのときの悲しんでいた自分が統合していく感覚がありました。自分が過去に置いてけぼりにしていた感情を今の自分が拾い上げることで、心の中でくすぶっていた後悔や怒りが消えていくということを私は初めて知ったのです。

御霊の拾い上げ②

御霊を拾うことは生きながら成仏すること

その都度、「本当はあのときどうしたかった？」と自分と向き合うことは、生きながら成仏するということ。相手に面と向かって言うわけではないけれど、自分の思いを言葉にしてあげるのが大事なんです。自分が知らない間に抱えていたものを昇華してあげると、すごく楽になるし、その思いは二度と出てきません。

私たちは、普通に生きているだけでも日々、傷つくことがあります。そうした傷を、その都度残さないようにしていくことが大切。その都度気づいて、気持ちを言葉にしてあげること。それがきちんと成仏させるということですね。ですから生きているからこそ、成仏が必要なんですよ。

繰り返しますが誤解された、傷ついたことって、自分の中に蓄積されて残っているんです。もう何十年も前のことなのに、親を恨むような気持ちが残っていたりとか。「お母さんが妹ばかりにかまっていて寂しかった。本当はもっと抱きしめてほしかったんだ」とか、「あのとき嘘をつかれてとても悲しかったよ」とか、そのときに言えなかった気持ちを言葉にしたときに、そうした気持ちがスーッと昇華されていきます。

当時、この作業を「一人成仏」と呼んでいたのですが、やっていくうちに「これはなんてすばらしいことなんだろう！」と思うようになりました。出てきた感情が十年前のことであれ、昨日のことであれ、「本当はあのとき、私はこうだったんだよね。こうしたかったんだよね」と、自分で自分の言葉を聞いていたら、みるみる御霊（みたま）が軽くなっていったのです。

そうしてどんどん楽になっていくうちに、当時勤めていた会社から「来月で辞めてください」と言われました。そして、突然、まったく知らない人が私の前にやってきて、こういうスピリチュアルのお仕事をすることにつながったのです。

御霊の拾い上げ③

いいことも悪いことも
すべてをさらけ出していい

傷ついたぶんだけ、魂は重たくなっていきます。ですから言葉にして解放してあげるだけで、魂がすごく軽くなっていきます。魂が軽くなるとね、普通のことが普通ではなくなるんですね。自分の体も魂も味方にして、自分を安心させて、すべてを神さまに委ねていく。それが宇宙の法則。ですから御霊を拾い上げて魂を軽くすることと、なりたい自分になるってほとんど同じことなのです。

誰もが傷ついてるんです。私もたくさんいじめられたし、たくさん意地悪もしたし、懺悔（ざんげ）したいこともいっぱいあります。それでも私たちは生まれてきた時点で、はじめからすべてを許されているんです。ですから他人から「お前を許さない」と言われても、自分は自分を許してあげるということが、生きながら成仏するということなのです。

だからその都度自分に向き合って、「今日どうだった？」と、毎日のように御霊の拾い上げをしてあげてください。面と向かっては言えないから、寝るときに「バカヤロー！」って。そうするとすごく楽だし、毎日やると自分の中に嫌な感情がたまらないんですよ。

よく、スピリチュアルでは悪い言葉を発したら言霊によって自分に悪いことが起こるとも聞きますが、自分一人の空間は何を話しても許される場所です。私はいいときも悪いときも、チーム不思議にはすべてをさらけ出し、すべて聞いていただいています。「こらぁ、ふざけんなよ！」とか言っても大丈夫。誰かに向かって言っているわけじゃありませんから、安心してくださいね。

自分に愛を伝えることは内なる神さまに愛を伝えること

私たちがいくつになっても、神さまは「◯◯ちゃん、愛してるよ、大好きだよ」と言ってくださいます。私たちが小さな子どもを頭ごなしに叱らないように、「いいんだよ、そんなこと知ってるよ」と、どんなときでも、何をしても、私たちを許してくださいます。そして「どうやったら自分を許せる？　どうやったら自分の魂を軽くしてあげられる？」と、いつも問われているんです。そこを解放してあげられるのは自分しかいないから、私は御霊の拾い上げをするし、神さまに「今日はこういうことがあってね」と、いつも語りかけてあげるんです。

「愛してるよワーク」は神さまに対しての孝行、神さま孝行と私は呼んでいます。自分を愛してあげることは、神さまに近づくこと。神さまへの愛情を表現することでもあります。どうして神さまを思うと涙が出るんだろう、神さまにこんなにも近づきたくて、会いたくて、今までは外に、外にと探していたけれど、でも実はずっとずっと自分の中に神さまはあって。ですから自分のことを「愛してるよ、大好きだよ、偉いね」と言ってあげることが、神さまに対しての何よりの愛情表現になるのです。

自分の名前が嫌いという人も多いですが、それは自分自身を嫌いだったから。自分のことがすごく嫌いだったから、「こんな名前じゃなかったらもっと違う人生だったのに」、「もっと違う姿だったのに」って責任転嫁しているんです。嫌いなところは、結局、自分が許せないところ。でも、もう勘弁してあげましょう。もういいいんじゃない？　頑張って生きてきたじゃない？　って。

毎日毎日、「〇〇ちゃん愛してるよ、大好きだよ、偉いね」と自分に声をかけてあげましょう。「愛してる」は、すべてが許される魔法の言葉です。神社の神様に祝詞（のりと）をあげるように、大元の神さまへの祝詞だと私は思っています。だから毎日、言ってほしいし、一生の宿題だと思ってください。この言葉を何の抵抗もなく言えるようになれば、自分の内側が大きく変化しているはずです。

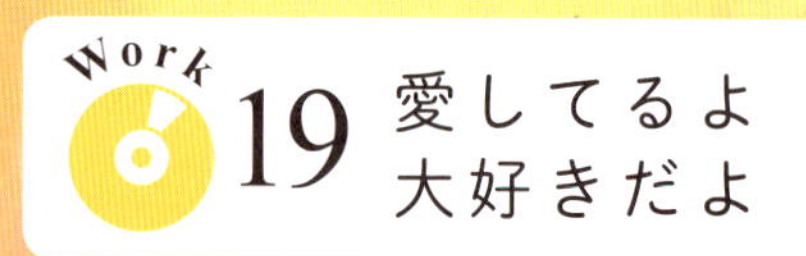

愛してるよ

大好きだよ

偉いね！

すべてはエネルギー

宇宙の中心は自分
意図すればすべてが従う

私たちは、つい自分よりも神さまの方が上だと思ってしまいますが、上も下もなくて、すべては横並び。魂に次元はありませんし、位(くらい)もないのです。だけど私たちは神さまが大好きだし、キリストやマリアさまやブッダやいろいろな宗教の神様がいます。私たちは、その神々を敬いたいから、神さまの方が上で、尊いもの、と設定するんですね。だけど、だからと言って私たちが下なわけでも、汚(けが)らわしいわけでもないのです。みんな、同じ神さまなんですよ。

そして、実は自分が宇宙の中心であるということを知ると、自分が「こうだ」と思うことで、いろんなものが従うようになります。そんなおこがましいことを……と思うかもしれないけれどそうじゃない。なぜなら、すべてはただ一つのエネルギーだから。

太陽は、今ここから肉眼で見ることができなくても、「真っ赤な太陽」と言うとみなさんの脳裏には真夏の真っ赤な太陽が浮かんできますよね。そして、その太陽に意識を向けて、「さぁ、真夏の太陽、私のところにおいで」と命じるだけで、真夏の太陽がやってきます。エネルギーは音に反応するので、音で呼ぶことができるんです。私たちはエネルギー使いなんです。

自分が命じることで、すべてのものが自分に従うと思ってください。こうやって私たちは太陽でも、妖精でも、龍でも、どんなものでも扱うことができるんです。そして、困ったときは「私に何かを教えてください」、「何かを探してください」とお願いすれば、神さまもあらゆる存在も、喜んで支えてくださるんですよ。

ですから神さまでも、自然界のものでも、私たちはみんな対等だと思ってください。私たちは体を持っている神さまだから、本当は自由自在。意識一つでどこへでも行けますし、何でもすべて自分の思い通りになるんです。神社の神様でも何でも敬って、大切にしていればお世話しにきてくださるんだと思います。

遠隔リーディングの方法①

遠い場所にいても意識を向ければその人とつながることができる

最後に、エネルギーを使った遠隔リーディングの方法を紹介したいと思います。拙著『エネルギーの魔法』では誰かに遠隔でエネルギーを送るとき、三角の法則を用いてくださいとお伝えしました。三角の法則とは自分のエネルギーを直接相手に送るのではなく、「これからエネルギーを○○さんに送ります」と天に命じて、おまかせすること。自分↓天↓相手の三角形でエネルギーを送るやり方のことです。それは流す相手が一人でも、複数でも同じです。そして、エネルギーを流しながら、相手の状態をリーディングすることもできます。

たとえば5人に一斉にエネルギーを流すとします。そのグループを仮に○○レンジャーと名付けるとしましょう。天に向かって「今から○○レンジャーに一斉にエネルギーを流します」と命じると、エネルギーが一斉に○○レンジャーに向かって流れ始めます。ひとくくりに意識することで、５人同時にエネルギーが流れていくのです。

それぞれ個別にリーディングを行いたいときは◯◯レンジャーとひとくくりにせず、一人ひとりに意識を向けます。赤の人、黄の人、青の人……というように相手を脳裏に描き、意識をロックオンすると、次第に相手の症状が自分の体や心で手にとるように感じられてきます。

赤の人がお腹の調子が悪い場合、自分のお腹もなんだか調子が悪くなります。すると、自然と真っ先に、赤の人のお腹にエネルギーが流れ始めます。次に黄の人に意識を向けます。黄の人は頭が痛いとすれば、お腹の違和感は消え、代わりに頭痛を感じ始めます。次に、青の人に意識を向けます。青の人は心がざわついているようです。これも自分の胸で感じられます。相手に意識を向ける、切り替える。たったこれだけで、相手の症状が手にとるようにわかるのです。

遠隔リーディングの方法②

相手と意識でつながれば自然と伝わってくる何かがある

相手にエネルギーを流さず、ただリーディングすることもできます。相手の姿を知らなくても構いません。相手の名前を目にした瞬間に、あなたの脳裏には見知らぬ誰かの姿が映っているはずです。その姿は100%正確でなくても、あなたがリーディングしようとしている相手にほぼ間違いありません。世の中には同姓同名の他人も数多くいますが、先ほども述べたように何も心配はいりません。住所や郵便番号、生年月日を確かめる必要もありません。見えない存在――もしくは宇宙――はあなたがリーディングしたい相手を、きちんとあなたの脳裏に映してくれるのです。

脳裏に映ったら、あとは自分の体や心に何かが響いてくるのを待ちます。響くとは、届くという意味でもあります。一度リーディングする相手とつながると、何かに対して怒っている、何かを気にしている、または何を考えているのかが、手にとるようにわかってきます。けれど意識を外すと、その状況はまたすぐに読み込めなくなってしまいます。

私は見知らぬ相手とつながるときは名前から入りますが、写真を使う、その人の持ち物を手にするといった方法もあります。何でつながり、リーディングしやすいかは人によってさまざまなのです。また、自分がリーディングする際につながる場所を設定してもいいでしょう。私も最初の頃は、まぶしい光の中にピンク色の雲があり、その中心で視ると決めていました。けれどリーディングをしていくなかで、次第にどこかに行かなくても、私たちの意識はいつでもどこにでも自由に行けることを知ったのです。

あなたが思っているほど遠隔でのリーディングも、遠隔へのエネルギーの流し方も難しいものではないことをどうぞ知ってくださいね。

おわりに

最後まで読んでくださり、ありがとうございます。心から感謝いたします。透視もチャネリングも普段から私たちは無意識にしていることです。ですから矛盾しているかもしれませんが、できるか、できないかはそんなに意識しなくてもいいと私は思っています。

大切なことは、自分で自分を認めて癒し、許して愛してあげること。そして常に見えない存在を意識して、いつも見えない力と共に在る(あ)ことだと思います。この世を生きることは、つらいことも苦しいこともあり、とても大変です。なぜ私ばかり、と思うようなこともあるでしょう。けれど、そんなときでさえ私たちは常に愛されていて、守られていることを忘れないでいてほしいのです。

あなたが真っ先にしなくちゃいけないのは、〝自分を安心させて生きる

こと〟。あなたの人生の采配はすべてあなたに託されているのです。

私たちがこの世に生まれ、生きながら神の記憶を思い出すことが私たちに託されたお役目だと思っております。誰もが自分の中に神さまを持っています。あなたの中にも、神さまがいらっしゃいます。

あなたが安心すること、あなたが心地よい方を選ぶことで、あなたの神さまは喜びで大きくなっていきます。どうぞこれからの人生、上手にあなたの神さまを育てていかれてくださいませ。そうすることでこれからの人生、たとえ何かが起きたとしても上手にくぐり抜けていけることでしょう。

いつもありがとう。感謝でいっぱいです。愛しているよ、大好きだよ。

青空が美しい日に　まさよ

著者 まさよ

魂カウンセラー、魂ナビゲーター。幼少のころから不思議な体験をしたり、不思議な声を聴いたりして過ごす。ある日、大きな光に包まれる経験をして、視えない世界のしくみを知る。その1年後、不思議な存在に「あなたは人に向き合う仕事をする」と告げられ、環境が一変。パート社員から魂カウンセリングの仕事に就き、東北を中心としたカルチャーセンターで4年半にわたりチャネリング&透視リーディング教室の講師を務める。主な著書に『あなたの中の小さな神さまを目覚めさせる本』『あなたの中の神さまが輝き出す！エネルギーの魔法』『願いが叶う　神様参り』（すべて弊社刊）、『「あちらの方々」から聞いた人生がうまくいく「この世」のしくみ』（KADOKAWA）などがある。

はじめての透視リーディング
過去世や未来が視える、神さまとつながる

著者　まさよ
発行者　永岡純一
発行所　株式会社　永岡書店
〒176-8518
東京都練馬区豊玉上1-7-14
代表：03（3992）5155
編集：03（3992）7191
DTP　編集室クルー
印刷・製本　クループリンティング

イラスト　nanako
装丁、デザイン　東條加代子
CD録音、編集　信亥來
校正　くすのき舎
編集協力　西島　恵
編集担当　佐藤久美（永岡書店）

ISBN978-4-522-43593-9　C0076